8° Pᴀ

BIBLIOTHEQUE
CHRÉTIENNE ET MORALE

APPROUVÉE

PAR MONSEIGNEUR L'ÉVÊQUE DE LIMOGES.

—

Grand In-12.

Tout exemplaire qui ne sera pas revêtu de notre griffe sera réputé contrefait et poursuivi conformément aux lois.

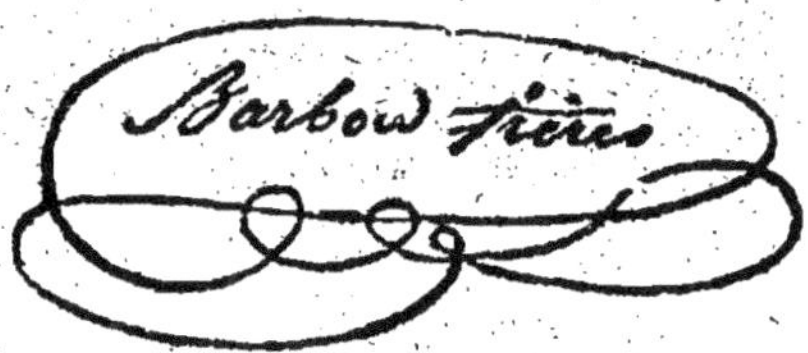

L'AMÉRIQUE

DU NORD

PAR ABEL DE CHALUSSET.

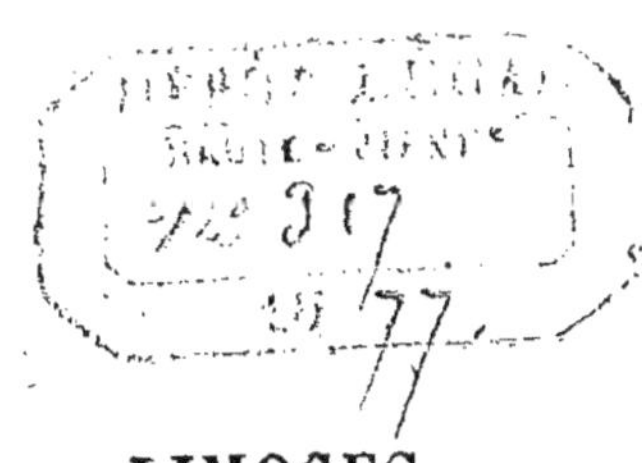

LIMOGES

BARBOU FRÈRES, IMPRIMEURS-LIBRAIRES.

L'AMÉRIQUE DU NORD

I

QUADRUPÈDES

LE CASTOR. — LE CASTOR-TERRIER. — LE RAT
MUSQUÉ.

La première des curiosités du Canada, c'est le
castor. La dépouille de cet animal a jusqu'à présent fourni à la Nouvelle-France le principal
objet de son commerce. Il est par lui-même une
des merveilles de la nature, et il peut être pour
l'homme une grande leçon de prévoyance, d'industrie, d'adresse et de constance dans le travail.

Le castor n'était pannu s incoen France avant
la découverte de l'Amérique ; on trouve dans les
anciens titres des chapeliers de Paris des règle-
ments pour la fabrique des *chapeaux bièvres :*
or bièvre et castor, c'est absolument le même
animal, mais soit que le bièvre européen soit
devenu extrêmement rare, ou que son poil n'eût
pas la même bonté de celui du castor américain,
on ne parle plus guère que de ce dernier ; je ne
sache pas même qu'aucun auteur ait jamais parlé
de cet animal, comme de quelque chose de cu-
rieux : peut-être que c'est faute de l'avoir observé
de près ; peut-être aussi que les castors d'Europe
font comme les *castors-terriers*, dont je ferai
bientôt connaître la différence d'avec les autres.

Quoi qu'il en soit, le castor du Canada est un
quadrupède amphibie, qui ne peut pourtant pas
rester longtemps dans l'eau, et qui peut absolument se passer d'y aller ; pourvu qu'il ait la commodité de se baigner quelquefois. Les plus grands

castors ont un peu moins de quatre pieds sur quinze pouces de large d'une hanche à l'autre , et pèsent soixante livres. La couleur de cet animal est différente , selon les différents climats où il se trouve. Dans les quartiers du nord les plus reculés, ils sont ordinairement tout-à-fait noirs, mais on en rencontre quelquefois de blancs. Dans les pays plus tempérés , ils sont bruns, et à mesure qu'ils avancent vers le sud , leur couleur s'éclaircit toujours de plus en plus. Chez les Illinois ils sont presque fauves ; on y en a même vu de couleur de paille. On a encore observé qué, moins ils sont noirs, et moins ils sont fournis de poils, et que, par conséquent, leur dépouille est moins estimée. C'est un effet de la Providence, qui les garantit contre le froid , à mesure qu'ils y sont plus exposés. Leur poil est de deux sortes par tout le corps , excepté aux pattes, où il n'y en a qu'un fort court. Le plus grand est long de huit à dix lignes , il va même jusqu'à deux pouces sur le dos, mais il diminue avec proportion jusqu'à la tête et jusqu'à la queue. Ce poil est rude, gros, luisant, et c'est celui qui donne la couleur à la bête. En le regardant avec le microscope, on en trouve le milieu moins opaque, ce qui prouve qu'il est creux, aussi n'en fait-on aucun usage. L'autre poil est un duvet très-fin, fort épais, long tout au plus d'un pouce, et c'est celui qu'on met en œuvre. On l'appelait autrefois en Europe *laine de Moscovie*. C'est là proprement l'habit du castor, le premier ne lui sert que d'ornement, et peut-être pour l'aider à nager.

On prétend que le castor vit quinze à vingt ans; que la femelle porte quatre mois, et que sa portée ordinaire est de quatre petits; quelques voyageurs en ont fait monter le nombre jusqu'à huit; mais je ne crois pas que cela arrive souvent. Elle a quatre mamelles, deux sur le grand pectoral, entre la seconde et la troisième des vraies côtes, et deux environ quatre doigts plus haut. Les muscles de cet animal sont extrêmement forts, et plus gros que ne semble comporter sa taille. Ses intestins sont, au contraire, très-délicats, ses os sont très-durs, et ses deux mâchoires qui sont presque égales, sont d'une force extraordinaire; chacune est garnie de dix dents ; deux incisives et huit molaires. Les incisives supérieures ont deux pouces et demi de long, les inférieures en ont plus de trois, et suivent les courbures de la mâchoire, ce qui leur donne une force prodigieuse, qu'on admire toujours en de si petits animaux. On a remarqué encore que les deux mâchoires ne se répondent pas exactement, mais que les supérieurs débordent en avant sur les inférieures, de sorte qu'elles se croisent comme les deux tranchants des ciseaux; enfin que la longueur des unes et des autres est précisément le tiers de leurs racines.

La tête d'un castor est à peu près de la figure

de celle d'un rat de montagne. Il a le museau un peu allongé, les yeux petits, les oreilles courtes, rondes, velues par dehors, sans poil en dedans. Ses jambes sont courtes, particulièrement celles de devant; elles n'ont guère que quatre ou cinq pouces de long, et ressemblent assez à celles du blaireau. Les ongles en sont taillés de biais, et creux comme des plumes à écrire. Les pieds de derrière sont tout différents; ils sont plats, garnis de membranes entre les doigts; ainsi le castor peut marcher, mais lentement, et nage avec la même facilité que tout animal aquatique. D'ailleurs, par sa queue il est tout-à-fait poisson. Les sauvages domiciliés gardent leur chair, après les avoir fait boucanner, c'est-à-dire sécher à la fumée; et je puis vous assurer que je ne connais rien de plus mauvais. Il faut même, quand on a du castor frais, lui donner un bouillon pour lui faire perdre un petit goût sauvage assez fade. Mais avec cette précaution, c'est un excellent mets. Il

n'est point de viande plus légère, plus délicate,
ni qui soit plus saine. On prétend même qu'elle
est aussi nourrissante que celle du veau ; bouil-
lie, elle a besoin de quelque chose qui en relève
le goût, mais quand elle a été mise à la broche,
il ne lui faut rien.

Ce qu'il y a de plus remarquable dans la figure
de cet amphibie, c'est sa queue. Elle est presque
ovale, large de quatre pouces dans sa racine, de
cinq dans son milieu, et de trois dans son extrémité ; je parle toujours des grands castors. Elle
est épaisse d'un pouce, et longue d'un pied. Sa
substance est une graisse ferme, ou un cartillage
tendre, qui ressemble assez à la chair du mar-
soin, mais qui se durcit davantage, quand on la
conserve longtemps. Elle est couverte d'une peau
écailleuse, dont les écailles sont hexagones, ont
une demi-ligne d'épaisseur, sur trois ou quatre
lignes de longueur, et sont appuyées les unes
sur les autres comme toutes celles des poissons.

Une pellicule très-délicate leur sert de fond, et elles y sont enchâssées de manière, qu'on peut aisément les en séparer après la mort de l'animal.

Un mot sur ce qu'on appelle le castor gras et e castor sec. Le castor sec est la peau de castor qui n'a servi à aucun usage; le castor gras est celle qui a été portée par les sauvages, qui, après l'avoir bien grattée en dedans, et frottée avec la moelle de certains animaux que je ne connais point, pour la rendre plus maniable, en cousent plusieurs ensemble, et en font une espèce de mante qu'on appelle robe, et de laquelle ils s'enveloppent, le poil en dedans. Ils ne la quittent, en hiver, ni le jour ni la nuit; le grand poil tombe bientôt, le duvet reste et s'engraisse, et en cet état il est bien plus propre à être mis en œuvre par les chapeliers; ils ne pourraient pas même employer le sec, s'ils n'y mêlaient un peu de gras. On prétend qu'il doit avoir été porté quinze ou dix-huit mois, pour être dans sa bonté. Je laisse à penser si, dans les commencements, on a été assez simple pour faire connaître aux sauvages que leurs vieilles hardes étaient une marchandise si précieuse. Mais on n'a pu leur cacher longtemps un secret de cette nature : il était confié à la cupidité, qui n'est jamais longtemps sans se trahir elle-même.

Voilà tout ce que les castors peuvent procurer d'avantage pour le commerce. Leur industrie, leur prévoyance, le concert et la subordination qu'on admire en eux, leur attention à se ménager des commodités dont on n'avait pas encore cru les brutes capables de sentir la douceur, fournissent à l'homme encore plus d'instructions que la fourmi, à laquelle l'écriture sainte renvoie les paresseux. Ils sont au moins parmi les quadrupèdes ce que les abeilles sont parmi les insectes. Je n'ai pas ouï dire à gens instruits qu'ils aient un roi ou une reine, et il n'est pas vrai que, quand ils travaillent en troupe, il y ait un chef qui commande et punit les paresseux ; mais, par la vertu de cet instinct que donne aux animaux celui dont la Providence les gouverne, chacun sait ce qu'il doit faire, et tout se fait sans confusion, sans embarras, avec un ordre qu'on ne se lasse point d'admirer. Peut-être, après tout, n'en est-on si étonné que faute de remonter à cette intelligence suprême qui se sert de ces êtres dénués de raison, pour mieux faire éclater sa sagesse et sa puissance, et pour nous faire sentir que notre raison même est presque toujours, par notre présomption, la cause de nos égarements.

La première chose que font nos ingénieux amphibies, lorsqu'ils veulent se loger, c'est de s'assembler : vous dirai-je en tribu, ou en sociétés ? ce sera tout ce que vous voudrez ; mais ils sont quelquefois trois ou quatre cents ensemble, formant une bourgade qu'on pourrait appeler *une petite Venise*. D'abord ils choisissent un emplacement où ils puissent trouver des vivres en abondance, et tout ce qui leur est nécessaire pour bâtir. Il leur faut surtout de l'eau, et s'ils ne trouvent ni lac ni étang, ils y suppléent, en arrêtant le cours d'un ruisseau ou d'une petite rivière, par le moyen d'une digue, ou, comme on parle ici, d'une chaussée. Pour cela ils vont couper des arbres au-dessus de l'endroit où ils ont résolu de bâtir. Trois ou quatre castors se mettent autour d'un gros arbre, et viennent à bout avec leurs dents de le jeter par terre. Ce n'est pas tout : ils prennent si bien leurs mesures qu'il tombe toujours du côté de l'eau, afin qu'ils n'aient pas tant de chemin à faire pour le voiturer, quand ils l'ont mis en pièces. Ils n'ont ensuite qu'à rouler ces pièces pour les pousser dans l'eau, et ils les conduisent vers l'endroit où elles doivent être placées.

Ces pièces sont plus ou moins grosses, plus ou moins longues, selon que la nature et la situation du lieu le demandent : car on dirait que ces architectes ont tout prévu. Quelquesfois il emploient de gros troncs d'arbres qui portent plat, quelquefois la chaussée n'est composée que de pieux gros comme la cuisse, ou même plus menus, soutenus de bons piquets et entrelacés de petites branches ; et partout les vides sont remplis d'une terre grasse si bien appliquée, qu'il n'y passe pas une goutte d'eau. C'est avec leurs pattes que les castors préparent cette terre ; et leur queue ne leur sert pas seulement de trouelle pour maçonner, mais encore d'auge pour voiturer ce mortier, ce qu'ils font en se traînant sur leurs pattes de derrière. Arrivés au bord de l'eau, ils le prennent avec les dents, et pour l'employer, ils se servent d'abord de leurs pattes, ensuite de leur queue. Les fondements de ces digues ont ordinairement dix à douze pieds d'épaisseur, et elles vont en diminuant jusqu'à deux ou trois. Les proportions y sont toujours exactement gardées. La règle et le compas sont dans l'œil du grand-maître des arts et des sciences. On a observé que le côté du courant de l'eau est toujours en talus, et l'autre côté parfaitement à plomb. En un mot, il serait difficile à nos meilleurs ouvriers de rien faire de plus solides et de plus régulier.

La construction des cabanes n'a rien de moins merveilleux. Elles sont, pour l'ordinaire, bâties sur pilotis au milieu de ces petits lacs que les digues ont formés quelquefois sur le bord d'une rivière, ou à l'extrémité d'une pointe qui avance dans l'eau. Leur figure est ronde ou ovale, et elles sont voûtées en anse de panier. Les parois ont deux pieds d'épaisseur, les matériaux en sont les mêmes que dans les chaussées, mais moins gros, et tout est si bien enduit de terre glaise en dedans qu'il n'y entre pas le moindre air. Les deux tiers de l'édifice sont hors de l'eau, et dans cette partie chaque castor a sa place marquée, qu'il a soin de joncher de feuillages ou de petites branches de sapin. On n'y voit jamais d'ordures ; et, pour cela, outre la porte commune de la cabane, et une autre issue par laquelle ces animaux sortent pour aller se baigner, il y a plusieurs ouvertures par où ils vont se vider dans l'eau. Les cabanes ordinaires logent huit ou dix castors ; on en a vu qui en renfermaient jusqu'à trente, mais cela est rare. Toutes sont assez près les unes des autres pour avoir entre elles une communication facile.

L'hiver ne surprend jamais les castors. Tous les ouvrages dont je viens de parler sont achevés à la fin de septembre, et alors chacun fait ses provisions pour l'hiver. Tandis qu'ils vont et viennent dans la campagne ou dans les bois, ils vivent de fruits, d'écorces et de feuilles d'arbres ; ils pêchent aussi des écrevisses et quelques poissons ; alors tout leur est bon. Mais quand il s'agit de se pourvoir pour tout le temps que la terre couverte de neige ne leur fournirait rien, ils se contentent de bois tendre , comme de peupliers , de trembles , ou d'autres semblables. Ils le mettent en piles , et le disposent de façon qu'ils puissent toujours prendre les morceaux qui trempent dans l'eau. On a remarqué constamment que ces piles sont plus ou moins grandes suivant que l'hiver doit être plus ou moins long ; et c'est pour les sauvages un almanach qui ne les trompe jamais sur la durée du froid. Les castors , avant de manger le bois , le découpent en petits morceaux fort menus , et les apportent dans leur loges ; car chaque cabane n'a qu'un magasin pour toute la famille.

Quand la fonte des neiges est dans sa force, comme il ne manque pas de grandes inonda-tions , les castors quittent leurs cabanes , qui ne sont plus logeables , et chacun va de son côté où bon lui semble. Les femelles y retournent, dès que les eaux sont écoulées , et c'est alors qu'elles mettent bas. Les mâles tiennent la campagne jusque vers le mois de juillet, qu'ils se rassemblent pour réparer les brèches que les crues d'eau ont faites à leurs cabanes ou à leurs digues. Si elles ont été détruites par les chasseurs, ou si elles ne valent pas la peine d'être réparées, ils en font d'autres; mais bien des raisons les obligent souvent à changer de demeures. Le plus ordinaire est le défaut des vivres; ils y sont encore forcés par les chasseurs ou par les animaux carnassiers, contre lesquels ils n'ont point d'autre défense que la fuite. On pourrait s'étonner que l'auteur de la nature ait donné moins de force à la plupart des animaux utiles qu'à ceux qui ne le sont pas; si cela même ne faisait éclater davantage sa puissance et sa sagesse, en ce que ceux-là, malgré leur faiblesse, multiplient beaucoup plus que ceux-ci.

Il y a des endroits que les castors semblent avoir pris tellement en affection, qu'ils ne sauraient les quitter, quoiqu'ils y soient toujours

.nquiétés. Sur le chemin de Montréal au lac Huron par la grande rivière, on ne manque point de trouver tous les ans au même lieu un logement que ces animaux y bâtissent ou réparent tous les étés ; car la première chose que font les voyageurs qui y arrivent les premiers, c'est de rompre la cabane, et la chaussée qui lui donne de l'eau. Si cette chaussée n'eût pas retenu les eaux, il n'y en aurait pas assez pour continuer la route, et il faudrait faire un portage; de sorte qu'il semble que ces officieux castors vont se poster là uniquement pour la commodité des passants. On voit, dit-on, la même chose du côté de Québec, où des castors, en travaillant pour eux, fournissent de l'eau à un moulin à planches.

Les sauvages étaient autrefois persuadés, si on en croit quelques relations, que les castors étaient une espèce d'animal raisonnable, qui avait ses lois, son gouvernement et son langage

particulier ; que ce peuple amphibie se choisis-
sait des commandants qui, dans les travaux communs, distribuaient à chacun sa tache, posaient
des sentinelles pour crier à l'approche de l'ennemi, punissaient ou exilaient les paresseux. Ces
prétendus exilés sont apparemment ceux qu'on
appelle *castors terriers*, qui, en effet, vivent sé-
parés des autres, ne travaillent point, et se logent
sous terre, où leur unique attention est de se
ménager un chemin couvert pour aller à l'eau.
On les connaît au peu de poils qu'ils ont sur le
dos, ce qui vient sans doute de ce qu'ils se frot-
tent continuellement contre la terre. Avec cela,
ils sont maigres ; c'est le fruit de leur paresse.
On en trouve beaucoup plus dans les pays chauds
que dans les pays froids. J'ai déjà remarqué que
nos castors, ou bièvres d'Europe, tiennent plus
de ceux-ci que des autres. C'est bien dommage
qu'il ne se soit point trouvé de cès admirables animaux dans le Tibre, ni dans le Permesse ; que

de belles choses ils auraient fait dire aux poètes grecs et romains !

Il paraît que les sauvages du Canada ne les molestaient pas beaucoup avant notre arrivée dans leur pays. Les peaux de castors n'étaient pas celles dont ces peuples faisaient plus d'usage pour se couvrir ; et la chair des ours, des élans, et de quelques autres bêtes fauves leur semblait apparemment meilleure que celle des castors. Ils les chassaient néanmoins, et cette chasse avait son temps et son cérémonial marqué ; mais quand on ne chasse que pour le besoin, et que ce besoin est borné au pur nécessaire, on ne fait pas de grandes destructions; aussi, lorsque nous arrivâmes en Canada, nous y trouvâmes un nombre prodigieux de ces amphibies.

La chasse du castor n'est pas difficile ; car il s'en faut bien que cet animal ait autant de force pour se défendre et d'adresse pour éviter les embûches de ses ennemis, qu'ils montre d'industrie pour bien se loger, et de prévoyance pour se pourvoir de tous les besoins de la vie. C'est pendant l'hiver qu'on lui fait la guerre dans les formes, c'est-à-dire depuis le commencement de novembre jusqu'au mois d'avril. Alors il a, comme tous les autres animaux, plus de poil, et la peau plus mince. Cette chasse se fait de quatre manières, qui sont les filets, l'affût, la tranche et la trappe. La première est ordinairement jointe à la troisième; et on s'amuse rarement à la seconde, parce que les petits yeux de cet amphibie sont si perçants, et il a l'oreille si fine, qu'il est difficile de l'approcher assez pour le tirer, avant qu'il ait gagné l'eau, dont il ne s'écarte pas beaucoup dans cette saison, et où il plonge d'abord. On le perdrait même, quand il aurait été blessé avant de s'être jeté à l'eau, parce qu'il ne revient point au-dessus s'il meurt de sa blessure. C'est donc à la tranche et à la trappe, qu'on s'attache plus communément.

Quoique les castors aient fait leurs provisions pour l'hiver, ils ne laissent pas de faire de temps en temps quelques excursions dans les bois, pour y chercher une nourriture plus fraîche et plus tendre, et cette délicatesse coûte la vie à plusieurs. Les sauvages dressent sur leur chemin des trappes, faites à peu près comme le chiffre 4, et pour appas ils y mettent de petits morceaux de bois tendres et fraîchement coupés. Le castor n'y a pas plutôt touché, qu'il lui tombe sur le corps une grosse bûche qui lui casse les reins, et le chasseur, qui survient, l'achève sans peine. La tranchée demande plus de précaution, et voici de quelle manière on y procède. Quand la glace n'a encore qu'un demi-pied d'épaisseur, on y fait une ouverture avec la hache : les castors y viennent pour respirer plus à l'aise, on les y attend, et on les sent venir de loin, parce qu'en soufflant ils donnent un assez grand mouvement à l'eau : ainsi il est aisé de prendre ses mesures pour leur

casser la tête, au moment qu'ils la mettent dehors. Pour agir encore plus sûrement, et n'être
pas aperçu des castors, on jette sur le trou qu'on
a fait dans la glace, de la bourre de roseaux, ou
des épis de *typha*; et quand on connaît que l'a-
nimal est à sa portée, on le saisit par une de ses
pattes, et on le jette sur la glace, où on l'as-
somme, avant qu'il soit revenu de son étourdis-
sement.

Si la cabane est proche de quelque ruisseau,
la chasse se fait encore plus aisément. On coupe
la glace en travers pour y tendre un filet; ensuite
on va briser la cabane. Les castors qui y sont ren-
fermés, ne manquent point de se sauver dans
le ruisseau, et se trouvent pris dans le filet. Mais
il ne faut pas les y laisser longtemps, ils s'en se-
raient bientôt débarrassés en le coupant. Ceux
dont les cabanes sont dans des lacs, ont, à trois
ou quatre cents pas du rivage, une espèce de maison de campagne, pour y respirer un meilleur

air. Alors les chasseurs se partagent en deux bandes, l'une va rompre la cabane des champs, l'autre donne en même temps sur celle du lac ; les castors, qui sont dans celle-ci, et on prend le temps qu'ils y sont tous, veulent se réfugier dans l'autre, mais ils n'y trouvent plus qu'une poussière qu'on y a jetée exprès, et qui les aveugle, de sorte qu'on en a bon marché. Enfin, en quelques endroits on se contente de faire une oùverture aux chaussées. Par ce moyen, les castors se trouvent bientôt à sec, et demeurent sans défense, ou bien ils accourent pour remédier d'abord au mal dont ils ne connaissent pas les auteurs ; et comme on est bien préparé à les recevoir, il est rare qu'on les manque, ou qu'on en attrape au moins quelques-uns.

Voici d'autres particularités sur les castors que je trouve dans quelques mémoires, dont je ne vous garantis pas la fidélité. On prétend que quand ces animaux ont découvert des chasseurs, ou quelques-unes de ces bêtes carnassières qui leur font la guerre, ils plongent en battant l'eau de leur queue, avec un si grand bruit qu'on les entend d'une demi-lieu. C'est apparemment pour avertir tous les autres de se tenir sur leurs gardes. On dit encore qu'ils ont l'odorat si fin, qu'étant dans l'eau, ils sentent un canot de fort loin. Mais on ajoute qu'ils ne voient que de côté, non plus que les lièvres, et que ce défaut les livrent souvent aux chasseurs qu'ils veulent éviter. Enfin on assure que, quand un castor a perdu sa femelle, il ne s'accouple point avec une autre, comme on le rapporte de la tourterelle.

Les sauvages ont grand soin d'empêcher que leurs chiens ne touchent aux os du castor, parce qu'ils sont d'une dureté à laquelle les dents des chiens ne résisteraient pas. On dit la même chose des os du porc-épic. Le commun de ces barbares apporte une autre raison de cette précaution : c'est, disent-ils, pour ne point irriter les esprits de ces animaux, qui empêcheraient qu'une autrefois la chasse ne fût heureuse. Mais je crois que cette raison est venue après coup ; et c'est ainsi que la superstition a souvent pris la place des causes naturelles, à la honte de l'esprit humain.

On connaît encore au Canada un petit animal de même nature à peu près que le castor, qui, à bien des égards, en paraît un diminutif, et qu'on nomme rat musqué. Il a, en effet, presque toutes les propriétés du castor ; la structure du corps, et surtout la ressemblance de tête de l'un et de l'autre est si sensible qu'on prendrait le rat musqué pour un petit castor, si on lui avait coupé la queue, en quoi il diffère peu des nôtres.

Il se met en campagne au mois de mars, et sa nourriture est alors quelques morceaux de bois qu'il pile avant de les manger. Après la fonte des neiges, il vit de racine d'orties, puis des tiges et des feuilles de cette plante. En été, il ne mange

que des fraises et des framboises, auxquelles suc-
cèdent d'autres fruits dans l'automne. Durant ce
temps-là, on voit rarement le mâle sans la femelle.

A l'entrée de l'hiver, ils se séparent, et chacun va de son côté se loger dans un trou ou dans
le creux d'un arbre sans provision ; et les sauvages assurent que, tant qu'il fait froid, ils ne man-
gent rien. Ils bâtissent aussi des cabanes à peu
près de la forme de celles des castors ; mais il
s'en faut beaucoup qu'elles soient si bien travail-
lées : quant à la situation, c'est toujours au bord
de l'eau ; aussi n'ont-ils pas besoin de faire de
chaussées. On dit que le poil du rat musqué entre dans la fabrique des chapeaux avec celui du
castor, et n'y gâte rien. Sa chair n'est pas mauvaise.

LE BŒUF SAUVAGE.

Le bœuf du Canada est plus grand que le nôtre. Il a les cornes basses, noires et courtes; une grande barbe de crin sous le museau, et autant sur la tête, d'où elle lui tombe sur les yeux, ce qui lui donne l'air hideux. Il a sur le dos une bosse, qui commence sur les hanches, et va en augmentant jusque sur les épaules. La première côte de devant est plus haute d'une coudée que les autres au-dessus du dos, et large de trois doigts, et toute la bosse est couverte d'un poil un peu roussâtre et fort long; le reste du corps l'est d'une laine noire qui est fort estimée. On assure que la dépouille d'un bœuf est de huit livres de laine. Cet animal a le poitrail fort large, la croupe assez fine, la queue fort courte, et on ne lui voit presque point de cou; mais sa tête est plus grosse que celle des nôtres. Il fuit ordinairement, dès qu'il aperçoit quelqu'un, et il ne faut qu'un chien pour faire prendre le galop à un troupeau entier. Il a l'odorat fin, et pour l'approcher, sans qu'il s'en aperçoive, d'assez près pour le tirer, il faut prendre le dessous du vent. Mais quand il est blessé, il est furieux et se retourne sur les chasseurs. Il n'est pas beaucoup traitable quand les vaches ont des veaux nouvellement nés. Sa chair est bonne, mais on ne mange guère que celle des vaches, parce que celle des taureaux est trop dure. Quant à sa peau, on n'en connaît guère de meilleure, elle se passe aisément, et, quoique très-forte, elle devient souple et moëlleuse comme le meilleur chamois. Les sauvages en font des boucliers qui sont très-légers, et que les balles de fusil ne percent pas aisément.

BŒUF MUSQUÉ.

On trouve aux environs de la baye d'Hudson un autre bœuf dont le cuir et la laine ont les

mêmes avantages que ceux des bœufs dont je
viens de parler. Voici ce qu'en dit M. Jérémie:

« A quinze lieues de la rivière danoise se trouve
» la rivière du Loup-Martin, parce qu'effecti-
» vement il y en a beaucoup dans cet endroit.
» Entre ces deux rivières, il y a une espèce de
» bœufs, que nous nommons *Bœufs musqués*,
» parce qu'ils sentent si fort le musc que, dans
» certaine saison, il est impossible d'en manger.
» Ces animaux ont de très-belle laine ; elle est
» plus longue que celle des moutons de Barba-
» rie. J'en avais apporté en France en 1808,
» dont je m'étais fait faire des bas, qui étaient
» plus beaux que des bas de soies... Ces bœufs,
» quoique plus petits que les nôtres, ont cepen-
» dant les cornes beaucoup plus grosse et plus
» longues. Leurs racines se joignent sur le haut
» de la tête, et descendent à côté des yeux pres-
» que aussi bas que sa gueule ; ensuite le bout
» remonte en haut, et forme comme un crois-

» sant. Il y en a de si grosses, que j'en ai v
» qui, séparées du crâne, pesaient, les deux er
» semble, soixante livres. Ils ont des jambe
» très-courtes, de manière que leur laine traîr
» toujours par terre lorsqu'ils marchent ; ce q
» les rend si difforme que l'on a peine à disti
» guer, d'un peu loin, de quel côté est la têt
» Il n'y a pas une grande quantité de ces ar
» maux ! aussi les sauvages les auraient bien
» détruits, si on en faisait faire la chasse. Co
» me ils ont les jambes très-courtes, on les tu
» lorsqu'il y a beaucoup de neige, à coups
» lances, sans qu'ils puissent fuir. »

LE CHEVREUIL.

Le quadrupède le plus commun aujourd'
en Canada est le chevreuil, qui ne diffère en r
des nôtres. On dit qu'il jette des larmes lorsq
se voit poussé à bout par les chasseurs. Quan
est jeune, son poil est rayé de plusieurs coule

en long ; dans la suite ce poil tombe, et il en revient un autre, qui est de la couleur des che-
vreuils ordinaires. Cet animal n'est point farou-
ché, et s'apprivoise aisément ; il paraît naturelle-
ment ami de l'homme. Lorsque le temps est venu
pour la femelle de mettre bas, elle retourne dans
le bois, et y demeure quelques jours avec ses petits ; puis elle revient se montrer à son maître.
Elle visite assiduement ses petits ; on la suit quand
on le juge à propos, on prend ses nourrissons, et
elle continue de les nourrir dans la maison. Il
est assez étonnant que toutes nos habitations n'en
aient pas des troupeaux entiers : les sauvages ne
leur donnent la chasse que par occasion,

LOUPS ET RENARDS.

Il y a aussi dans les bois du Canada beaucoup
de *loups*, ou plutôt de *chats serviers* : car ils
n'ont du loup qu'une espèce de hurlement ; en
tout le reste, ils sont, dit M. Sarrasin, *ex genere*

felino. Ce sont de vrais chasseurs, qui ne vivent que des animaux qu'ils peuvent attraper et qu'ils poursuivent jusqu'à la cime des plus grands arbres. Leur chair est blanche et bonne à manger. Leur poil et leur peau sont fort connus en France ; c'est une des plus belles fourrures de ce pays, et qui entre le plus dans le commerce. On estime encore plus celle de certains renards noirs, qui sont dans les montagnes du nord. J'ai cependant ouï dire que les renards noirs de Moscovie, et ceux du nord de l'Europe, sont plus estimés. D'ailleurs ils sont ici fort rares, apparemment à cause de la difficulté de les avoir.

Il y en a de plus communs dont les uns ont le poil noir, ou gris d'autres d'un rouge tirant sur le roux. On en trouve en remontant le Mississipi, d'une grande beauté, dont le poil est argenté. On y rencontre aussi des tigres et des loups plus petits que les nôtres. Les renards donnent la chasse aux oiseaux de rivière d'une manière for ingénieuse. Ils s'avancent un peu dans l'eau, puis se retirent, et font cent cabrioles sur le rivage. Les canards, les outardes, et d'autres oiseaux semblables, que ce jeu divertit, s'approchent du renard ; quand ils les voit à sa portée, il se tient fort tranquille d'abord, pour ne les point effaroucher, il remue seulement sa queue, comme pour les attirer de plus près : et ces sots animaux donnent dans la piége, jusqu'à becqueter la queue. Alors le renard saute dessus, et manque rarement son coup. On a dressé des chiens au même manége avec assez de succès, et ces mêmes chiens font rudement la guerre aux renards.

L'ENFANT DU DIABLE

Une sorte de fouine, qu'on a nommée *enfant du diable*, ou *bête puante*, parce que son urine, qu'elle lâche quand elle est poursuivie, empeste l'air à un demi-quart de lieue à la ronde, est d'ailleurs un fort joli animal. Elle est de la grandeur d'un petit chat, mais plus grosse, d'un poil luisant tirant sur le gris, avec deux lignes blanches qui lui forment sur le dos une figure ovale depuis le cou jusqu'à la queue. Cette queue est touffue comme celle du renard, et elle la redresse comme l'écureuil. Sa fourrure, comme celle des *pékans*, autres chats sauvages à peu près de la grandeur des nôtres, des loutres, des fouines ordinaires, des putois, du rat de bois, de l'hermine, des martres, font ce qu'on appelle la menue pelleterie.

L'HERMINE ET LES MARTRES

L'hermine est de la grosseur de nos écureuils, mais un peu moins allongée ; son poil est d'un très-beau blanc, et elle a une longue queue, dont l'extrémité est d'un noir de jais. Les martres sont moins rouges que celles de France, et ont le poil plus fin. Elles se tiennent ordinairement au milieu des bois, d'où elles ne sortent que tous les deux ou trois ans, mais en sortent toujours en grandes troupes. Les sauvages sont persuadés que l'année où ils les voient sortir sera bonne pour la chasse, c'est-à-dire qu'il neigera beaucoup.

LE PUTOIS.

Le *putois* ne diffère de la fouine qu'en ce qu'il a le poil plus noir, plus long et plus épais. Ces deux animaux font la guerre aux oiseaux, même les plus gros, et font de grands ravages dans les poulaillers et dans les colombiers. Le rat des bois est deux fois de la grosseur des nôtres. Il a la queue velue, et son poil est d'un très-beau gris argenté. On en voit qui sont tout blancs, et d'un très-beau blanc. La femelle a sous le ventre une bourse qui s'ouvre et se ferme quand elle veut : elle y met ses petits quand elle est poursuivie, et se sauve avec eux.

L'ÉCUREUIL.

On laisse ici assèz en repos les écureuils :
aussi y en a-t-il un nombre prodigieux. On en
distingue de trois espèces : les rouges, qui ne
diffèrent point des nôtres; les *suisses*, qui sont
un peu plus petits, et qu'on a ainsi nommés parce
que leur poil est rayé, sur leur longueur, de rouge, de blanc et de noir, à peu près comme les
Suisses de la garde du pape; et les écureuils *volants*, qui, à peu près de la même taille que les
suisses, ont le poil d'un gris obscur. On les appelle *volants*, non pas qu'ils volent véritable-
ment, mais qu'ils sautent d'un arbre à l'autre,
l'espace de quarante pas au moins. De haut en
bas leur saut pourrait être du double. Ce qui
leur donne cette facilité de sauter, ce sont deux
peaux qu'ils ont des deux côtés entre les deux
pattes de derrière et celles de devant, et qui s'é-
tendent de la largeur de deux pouces. Elles sont

fort minces et ne sont couvertes que de poil follet.
Ce petit animal s'apprivoise facilement ; il est fort
vif, quand il ne dort point, mais il dort souvent,
et partout où il peut se fourrer, dans les poches,
dans les manches, dans les manchons. Il s'attache d'abord à son maître et le distingue parmi
vingt personnes.

LE PORC-ÉPIC.

Le porc-épic du Canada est de la grosseur d'un
chien moyen ; mais plus court et moins haut.
Son poil, d'environ quatre pouces de longueur,
est gros comme une paille des plus minces, blanc,
creux et très-fort, particulièrement sur le dos.
C'est son arme, elle est offensive et défensive.
Il se lance d'abord sur ceux qui attentent à sa vie,
et, pour peu qu'il entre dans la chair, il faut l'en
retirer à l'instant, si non, il s'y enfonce tout entier. C'est pour cette raison qu'on est fort attentif
à empêcher les chiens d'approcher de ces ani-

maux, dont la chair est bonne à manger. Un porc-épic à la broche vaut bien un cochon de lait.

LIÈVRES ET LAPINS.

Les lièvres et les lapins sont en Canada comme en Europe, excepté qu'ils ont les jambes de derrière plus longues. Leurs peaux ne sont pas d'un grand usage parce qu'ils muent continuellement. C'est dommage, car leur poil est très-fin. L'hiver, ces animaux grisonnent, et sortent rarement des tannières, où ils vivent des plus jeunes branches de bouleau. L'été, ils ont le poil roux. Les renards leur font une cruelle guerre en toute saison ; et les sauvages les prennent en hiver sur la neige avec des collets, quand ils vont chercher des vivres.

II

OISEAUX

L'AIGLE, ET AUTRES OISEAUX DE PROIE.

Il s'en faut beaucoup que nos forêts soient
aussi bien partagées en oiseaux que nos lacs et
nos rivières le sont en poissons. Il y en a néanmoins qui ont leur mérite, et qui sont particu-
liérs à l'Amérique. On voit ici des aigles de deux
espèces. Les plus gros ont la tête et le cou presque blancs ; ils donnent la chasse aux lapins et
aux lièvres, les prennent dans leurs serres, et les
emportent dans leurs magasins et dans leurs nids.
Les autres sont tout gris, et se contentent de faire

la guerre aux oiseaux ; tous sont aussi d'assez bons pêcheurs. Le faucon ,.l'autour , le tiercelet , sont absolument les mêmes qu'en France ; mais nous avons une seconde espèce de faucons, qui ne vivent que de la pêche.

LA PERDRIX, LA BÉCASSE, etc.

Nos perdrix sont de trois espèces : les grises, les rouges et les noires. Celles-ci sont les moins estimées , elles sentent trop le raisin , le genièvre et le sapin, elles ont la tête et les yeux de faisans, et la chair brune. Toutes ont la queue longue, et l'ouvrent en éventail, comme le coq d'Inde ; ces queues sont fort belles. Les unes sont mêlées de rouge, de brun et de gris , les autres, de gris clair et de gris brun. J'ai dit que les perdrix noires ne sont pas les plus estimées ; quelques-uns néanmoins les préfèrent aux rouges mêmes. Toutes sont plus grosses qu'en France, mais si sottes

qu'elles se laissent tirer , et même approcher ,
sans presque changer de place.

Outre les bécassines , qui sont excellentes en
ce pays , et le petit gibier de rivière , qui y est
partout en abondance, on trouve quelques bécas-
ses au bord des fontaines; mais en petit nombre.
Aux Illinois , et dans toute la partie méridionale
de la Nouvelle-France, elles sont plus communes.
M. Denis assure que les corbeaux de Canada sont
aussi bons à manger que les poules. Cela peut-
être vrai du côté de l'Acadie , mais je ne vois pas
qu'en ces quartiers-ci on en soit bien persuadé.
Ils sont plus gros qu'en France , un peu plus
noirs , et ont un cri différent de celui des nôtres.
Les orfraies , au contraire ; sont plus petites , et
leur cri n'est pas aussi désagréable. Le chat-huant
canadien n'est différent du français que par une
petite fraise blanche qu'il a autour du cou , et par
son cri. Sa chair est bonne à manger, et bien des
gens la préfèrent à celle de la poule. Sa provision

pour l'hiver consiste en mulots, auxquels il casse les pattes, et qu'il engraisse et nourrit avec soin, jusqu'à ce qu'il en ait besoin. La chauve-souris est ici plus grosse qu'en France. Les merles et les hirondelles y sont des oiseaux de passage comme en Europe. Les premiers ne sont pas noirs, mais tirent sur le rouge. Nous avons trois sortes d'alouettes, dont les plus petites sont de la grosseur du moineau. Le moineau lui-même est un peu différent du nôtre : il a bien les mêmes inclinations, mais sa physionomie est assez mauvaise.

LE CANARD, LE CYGNE, LA POULE D'INDE, etc.

On voit dans ce pays une quantité prodigieuse de canards, et j'en ai ouï compter jusqu'à vingt-deux espèces différentes. Les plus beaux, et ceux dont la chair est plus délicate, sont les *canards branchus* : on les appelle ainsi parce qu'ils se perchent sur les branches des arbres. Leur plumage est extrêmement varié, et fort brillant. Les cygnes, les poules d'Inde, les poules d'eau, les grues, les sarcelles, les oies, les outardes, et autres grands oiseaux de rivière, fourmillent partout, si ce n'est au voisinage des habitations, dont ils n'approchent point. Nous avons des grues de deux couleurs : les unes sont toutes blanches; les autres d'un gris de lin. Toutes font d'excellents potages. Nos pivers sont d'une grande beauté. Il y en a qui ont toutes les couleurs; d'autres sont noirs, ou d'un brun obscur par tout le corps, excepté la tête et le cou, qui sont d'un très-beau rouge.

LE ROSSIGNOL, LE ROITELET, LE CHARDON-NERET, L'OISEAU BLANC.

Le rossignol du Canada est à peu près le même que celui de France pour sa figure; mais il n'a que la moitié de son chant, le roitelet lui en a dérobé la moitié. Le chardonnerét n'a pas la tête aussi belle qu'en Europe, et tout son plumage est mêlée de jaune et de noir. Comme je n'en ai point vu en cage, je ne saurais vous rien dire de son chant. Tous nos bois sont remplis d'une sorte d'oiseau de la grosseur d'une linotte, il est tout jaune et a le gosier assez fin, mais son chant est fort court et n'est point varié. Il n'a point d'autre nom que celui de sa couleur. Une espèce d'orto-lan, dont le plumage est cendré sur le dos, et blanc sous le ventre, et qu'on a nommé l'*oiseau blanc*, est celui de tous nos hôtes de nos bois qui chante le mieux. Il ne le cède guère au rossignol de France ; mais il n'y a que le mâle qui se fasse entendre ; la femelle, dont la couleur est plus foncée, ne dit mot, même en cage. Ce petit ani-mal a la physionomie fort belle, et il est bien nommé ortolan pour le goût. Je ne sais où il se retire pendant l'hiver, mais il est toujours le premier qui nous annonce le retour du printemps.

A peine la neige est-elle fondue en quelques endroits qu'il y accourt en grande troupe, et l'on
en prend alors tant que l'on veut.

LE CARDINAL, ET L'OISEAU MOUCHE.

Ce n'est guère qu'à cent lieues d'ici, en tirant
au sud, que l'on voit des *cardinaux*. La douceur
de leur chant, l'éclat de leur plumage, qui est
d'un beau rouge incarnat; une petite aigrette
qu'ils ont sur la tête, et qui ne ressemble pas
mal à ces couronnes que les peintres donnent aux
rois indiens et américains, semblent leur assurer
l'empire des airs. Ils ont pourtant ici un rival,
qui aurait même pour lui l'unanimité des suffra-
ges, s'il flattait aussi agréablement les oreilles
qu'il charme les yeux : c'est ce qu'on appelle en
ce pays-ci l'*oiseau mouche.*

Ce nom a deux origines. La première est sa
petitesse même ; car avec ses plumes, il n'est
guère d'un plus gros volume que le hanneton

L'Amérique.   4

ordinaire. La seconde est un bourdonnement assez fort, qu'il fait avec ses ailes, et qui est assez semblable à celui que font les grosses mouches. Ses pattes, qui ont un pouce de long, sont comme deux aiguilles; son bec est de même, et il en fait sortir une petite trompe, qu'il enfonce dans les fleurs, pour attirer le suc dont il se nourrit. La femelle n'a rien de brillant : un assez beau blanc sous le ventre, et un cendré clair sur tout le reste du corps, font toute sa parure; mais le mâle est un vrai bijou. Il a sur le haut de la tête une petite touffe d'un beau noir, la gorge rouge, le ventre blanc, le dos, les ailes et la queue d'un vert de feuilles de rosiers; une couche d'or répandue sur tout ce plumage y ajoute un grand éclat; et un petit duvet imperceptible y produit les plus belles nuances qui se puissent voir.

Quelques voyageurs l'ont confondu avec le *colibry*, et, en effet, il paraît qu'il en est une espèce; mais le colibry des îles est un peu plus gros, a le

plumage moins brillant, et le bec un peu recourbé
en bas. Je pourrais néanmoins me tromper sur
l'éclat de son plumage, parce que je n'en ai point
vu de vivant ; quelques-uns ont avancé qu'il a un
chant fort mélodieux. Si le fait est, c'est un grand
avantage qu'il a sur l'oiseau mouche, que per-
sonne n'a encore entendu chanter. Mais j'ai entendu moi-même une femelle qui sifflait d'une
manière très-aiguë et assez désagréable. Cet oiseau a l'aile extrêmement forte, et le vol d'une
rapidité surprenante. Vous le voyez sur une fleur;
dans le moment il s'élève en l'air presque per-
pendiculairement. Il est ennemi du corbeau et
ennemi dangereux. J'ai ouï dire à un homme di-
gne de foi, qu'il en avait vu un quitter brusque-
ment une fleur, qu'il suçait, s'élever comme un
éclair, aller se fourrer sous l'aile d'un corbeau,
qui planait fort haut, le percer de sa trompe, et
le faire tomber mort, soit de sa chute, soit de la
blessure qu'il avait reçue.

L'oiseau mouche s'attache aux fleurs qui ont l'odeur plus forte, et il les suce en voltigeant toujours ; mais il repose de temps en temps, et alors on a tout le loisir de le contempler. On en a nourri quelque temps avec de l'eau sucrée et des fleurs. J'en ai gardé autrefois un pendant vingt-quatre heures : il se laissait prendre et manier, et contrefaisait le mort; dès que je le lâchais, il reprenait son vol, et ne faisait que papillonner autour de ma fenêtre. J'en fis présent à un de mes amis qui, le lendemain matin, le trouva mort, et cette nuit-là même il avait fait une petite gelée. Aussi ces petits animaux ont-ils grand soin de prévenir les premiers froids.

Il y a bien de l'apparence qu'ils se retirent vers la Caroline, où l'on assure qu'on ne les voit qu'en hiver. Ils font leurs nids en Canada, où ils les suspendent à une branche d'arbre, et les tournent de telle sorte, qu'ils sont à l'abri de toutes les injures de l'air. Rien n'est si propre que ces nids. Le fond en est-de petits brins de bois entrelacés comme un panier, et le dedans est revêtu de je ne sais quel duvet qui paraît de soie. Les œufs sont de la grosseur d'un poids, et ont des tâches jaunes sur un fond blanc. On dit que la portée ordinaire est de trois, et quelquefois de cinq.

LA TOURTE.

On connaît ici une espèce de pigeons ramiers, qui passent dans le mois de mai et de juin. On dit qu'autrefois ils obscurcissaient l'air par leur multitude ; mais ce n'est plus la même chose aujourd'hui. Il vient encore néanmoins jusqu'aux environs des villes un assez grand nombre se reposer sur les arbres. On les appelle communément *tourtes*, et ils diffèrent, en effet, assez des ramiers, des tourterelles et des pigeons d'Europe, pour en faire une quatrième espèce. Ils sont plus petits que nos plus gros pigeons,

dont ils ont les yeux et les nuances de la gorge.
Leur plumage est d'un brun obscur, à l'excep-
tion des ailes, où il y a des plumes d'un très-
beau bleu.

On dirait que ces oiseaux ne cherchent qu'à
se faire tuer ; car s'il y a quelque branche sèche
à un arbre, c'est celle-là qu'ils choisissent pour
se percher, et ils s'y rangent de manière que le
plus maladroit chasseur en peut abattre une de-
mi-douzaine au moins d'un seul coup de fusil.
On a aussi troûvé le moyen d'en prendre beaucoup en vie : on les nourrit jusqu'aux premières
gelées ; alors on leur coupe la gorge, et on les
jette au grenier, où ils se conservent tout l'hiver.

III

REPTILES

LE SERPENT A SONNETTES.

Parmi les reptiles de ce pays, je ne connais encore que le serpent à sonnettes qui mérite quelque attention. On en voit qui sont gros comme la jambe d'un homme, quelquefois même ils sont longs d'un mètre. Mais il y en a, et je crois que c'est le plus grand nombre, qui ne surpassent ni en grosseur ni en longueur nos plus grandes couleuvres de France. Leur figure est assez singulière. Sur un cou plat et large , ils ont une assez petite tête.

Leurs couleurs sont vives sans être trop brillantes, le jaune pâle y domine avec d'assez belles nuances.

Mais ce que cet animal a de plus remarquable, c'est sa queue : elle est écailleuse , en cotte de maille , un peu aplatie, et elle croit , dit-on , tous les ans, d'une rangée d'écailles, en sorte qu'on connaît son âge à sa queue , comme celui des chevaux à leurs dents. En la remuant, il fait le même bruit que la cigale en volant ; car le prétendu chant de la cigale n'est , comme on sait , que le bruit qu'elle fait avec ses ailes. C'est ce bruit qui a fait donner à ce serpent le nom qu'il porte.

Sa morsure est mortelle , si on y remédie sur-le-champ, mais la Providence y a pourvu. Dans tous les endroits où se trouve ce dangereux reptile , il croît une plante à laquelle on a donné le nom d'herbe à serpent sonnette , et dont la ra-

cine est un antidote sûr contre le venin de cet animal. Il ne faut que la piler ou la mâcher, l'ap-
pliquer comme un cataplasme sur la plaie. Cette
plante est belle et facile à reconnaître. Sa tige
ronde, un peu plus grosse qu'une plume d'oie,
s'élève à la hauteur de trois ou quatre pieds, et
se termine par une fleur jaune de la forme et de
la grandeur d'une marguerite simple. Cette fleur
a une odeur très-douce. Les feuilles de la plante
sont ovales, étroites, soutenues cinq à cinq en
patte de poule d'Inde par un pédicule d'un pouce
de long.

Il est rare que le serpent à sonnettes attaque
les passants qui ne lui cherche pas noise. J'en
ai eu un à mes pieds qui eut assurément plus
peur que moi, car je ne l'aperçus que quand il
fuyait. Mais si on marche sur lui, on est piqué
d'abord, et, si on le poursuit, pour qu'il ait le
loisir de se reconnaître, il se replie en rond, sa
tête au milieu, et s'élance d'une grande raideur

contre son ennemi. Les sauvages ne laissent pas de lui donner la chasse , et trouvent sa chair très-bonne : j'ai même ouï dire à des Français qui en avait goûté, que ce mets n'était pas mauvais. Mais c'était des voyageurs, et ces gens-là trouvent tout bon , parce qu'ils ont souvent faim. Du moins , est-il certain qu'il ne fait point de mal.

IV

POISSONS

LE LOUP MARIN.

Le loup marin doit son nom à son cri, qui
est une espèce de hurlement ; car dans sa
figure il n'a rien du loup, ni d'aucun animal ter-
restre que nous connaissions. Lescarbot assure
qu'il en a entendu qui criaient comme les chats-
huants ; mais ce pouvait être de jeunes bêtes
dont le cri n'était pas encore bien formé. Du
reste, on ne balance pas ici à mettre le loup marin au rang des poissons, quoiqu'il ne soit pas

muet, qu'il naisse à terre, qu'il y vive pour le moins autant que dans l'eau, qu'il soit couvert de poil, en un mot, qu'il ne lui manque absolument rien, pour être regardé comme un véritable amphibie. Mais nous sommes dans un nouveau monde, il ne faut pas exiger que nous y parlions toujours le langage de l'ancien ; et l'usage, contre lequel on ne raisonne point, s'y est mis en possession de tous ces droits. Ainsi la guerre qu'on fait au loup marin, quoiqu'on la fasse souvent à terre et à coups de fusils, se nomme une pêche, et celle qu'on fait au castor dans l'eau et avec des filets, s'appelle une chasse.

La tête du loup marin approche un peu de la figure de celle du dogue : il a quatre pattes fort courtes, surtout celle de derrière ; dans tout le reste, il est poisson. Il se traîne plutôt qu'il ne marche sur les pieds ; ceux de devant ont des ongles, ceux de derrière sont en forme de nageoires. Sa peau est dure, et couverte d'un poil ras de diverses couleurs. Il y a de ces animaux qui sont tout blancs, et tous le sont en naissant, quelques-uns, à mesure qu'ils croissent deviennent noirs, d'autres roux ; plusieurs ont toutes ces couleurs ensemble.

Les pêcheurs distinguent plusieurs espèces de loups marins ; les plus gros pèsent jusqu'à deux mille, et l'on prétend qu'ils ont le nez plus pointu que les autres. Il y en a qui ne font que frétiller dans l'eau : nos matelots les appellent *brasseurs* ; ils ont donné à une autre espèce le nom de *nau* : je n'en sais ni la raison, ni la signification ; à une autre, celui de *grosses têtes.* Il y en a de petits fort éveillés, et fort adroits à couper les filets qu'on leur tend : leur couleur est tigrée, ils sont badins, plein de feu, et jolis, autant que des animaux de cette figure le peuvent être. Les sauvages les accoutument à les suivre comme si c'étaient de petits chiens, et ne laissent pourtant pas de les manger.

M. Denis parle de deux sortes de loups marins qui se rencontrent sur les côtes de l'Acadie : les uns, dit-il, sont si gros, que leurs petits ont plus de volume que nos plus grands porcs. Il ajoute que peu de temps après qu'ils sont nés, le père et la mère les amènent à l'eau, et de temps en temps les ramènent à terre, pour les faire téter ; que la pêche s'en fait au mois de février, lorsque les petits, auxquels on en veut principalement, ne vont presque point encore dans l'eau ; qu'au même bruit, les pères et mères prennent la fuite, en faisant un fort grand bruit pour avertir leurs petits de les suivre, ce que ceux-ci ne manquent point de faire, si les pêcheurs ne se hâtent de leur donner un coup de bâton sur le nez ; et cela suffit pour les tuer. Il faut que le nombre de ces animaux soit bien grand sur ces côtes, s'il est vrai, comme le même auteur l'assure, qu'en un seul jour on prend de cette sorte jusqu'à huit cents de ces petits.

Ceux de la seconde espèce, dont parle M. Denis, sont forts petits. Ils ne s'éloignent jamais beaucoup du rivage, et il y en a toujours quelqu'un qui fait la sentinelle. Au premier signal qu'il donne, tous se jettent à la mer; au bout de quelque temps ils se rapprochent de la terre, et se lèvent sur leurs pattes de derrière, pour voir s'il n'y a rien à craindre ; mais, malgré toutes leurs précautions, on en surprend un grand nombre à terre, et il n'est presque pas possible de les avoir autrement.

On convient que la chair du loup marin n'est pas mauvaise à manger, mais on trouve beaucoup mieux son compte à en faire de l'huile ; la manière n'en est pas difficile. On en fait fondre la graisse sur le feu, et elle se résout en huile. Souvent même on se contente de faire des charniers : c'est le nom qu'on donne à de grands carrés de planches sur lesquels on étend la graisse de plusieurs loups marins. Elle s'y fond d'elle-

même, et l'huile coule par une ouverture qu'on y
a pratiquée. Cette huile, quand elle est fraîche,
est fort bonne pour la cuisine, mais celle des
jeunes bêtes rancit bientôt; et celle des autres,
pour peu qu'elle commence à vieillir, dessèche
trop : on s'en sert alors pour brûler, ou pour
passer les peaux. Elle est longtemps claire, elle
n'a point d'odeur, et ne laisse point de lie, ni
aucune sorte d'immondice au fond de la bar-
rique

LIMOGES. — IMPR. BARBOU FRERES.

www.ingramcontent.com/pod-product-compliance
Lightning Source LLC
Chambersburg PA
CBHW051616060726
47597CB00004B/1313